TODAS LAS CALLES
POR LAS QUE PASEO
CONTIGO

TODAS LAS CALLES POR LAS QUE PASEO CONTIGO

CYNTHIA CASTELO

 Durii

Primera edición: Septiembre 2024

© 2024, Cynthia Castelo Jodar
© 2024, Durii Editorial

Printed in Spain–Impreso en España

Editor y diseñador:
Javier Martínez Alarma — @soyocellum
Corrección:
Equipo de Durii Editorial
Diseño de cubierta:
Equipo de Durii Editorial

ISBN: 978-84-10075-09-2
Depósito legal: M-19295-2024

www.duriieditorial.com

Por todas esas calles en las que un día nos hicieron feliz, nos reímos sin fingir y acabamos llegando a casa a las mil.

Por todas esas calles que un día nos hicieron sentir, nos cogieron de la mano, y nos dijeron con un gesto: «es ahora y aquí».

Por todos esos rinconcitos que se clavaron en nuestra retina y después de tanto tiempo hicieron un agujero en nuestra memoria. Y ahí siguen los hijos de ****.

Por todas esas dudas a las 6 de la mañana, esos perreos que no solucionaron nada y esos amigos que se fueron corriendo dejándote sola una noche cualquiera, con poca batería y un frío que pela.

Por todas esas familias que recuerdan con dolor esa calle en la que alguien falleció, en la que alguien se estrelló y sin el literal.

Por todas esas calles en las que un día todos fuimos de todo; testigos, cornudos, ex, fieles, amantes, amigos, familiares, constantes, amables y casi algo de alguien…

Leerlo despacio, cada día puede ser que encontréis interpretaciones diferentes, incluso con doble sentido, porque los significados a veces no solo dependen de mí, también dependen mucho de la época que estéis pasando. Posiblemente, si lo leéis de golpe, se os escaparán muchas cosas.

En mis redes sociales me podéis decir que os ha parecido, cuáles son vuestros textos favoritos y si vosotros también tenéis ganas de recorrer todas esas calles que un día nos hicieron sentirnos vivos.

HOME

¿Os he despistado un poco? No lo sé, son las 3:20 de la madrugada y estoy aquí. No estoy en ninguna calle, o bueno, sí. Aunque esta es personal e intransferible, no os la voy a decir.

Estoy en mi casa, supongo que esta es mi calle preferida, aunque tenga unas pocas más, pero digamos que es esta, sí.

Aquí he llorado mares, pero también he tenido torres altas para no destruirme por cualquiera, también tenía un ejército entero con un sargento de primera para que no la tocaran a ella, aunque ni ella lo supiera.

Gracias a esta calle vosotros estáis aquí, yo soy un poquito más feliz e hice muchas paradas para no tener que decir nunca más a todo que sí.

CALLE GANADO

A veces no es que hayamos perdido las ganas, a veces es que nos hemos cansado de ya no ser una prioridad. Y cuando nos cansamos, siempre quedarán siete mil calles más.

AVENIDA DE ESPAÑA

Correos te suele dar un número de seguimiento, no quise buscar más, afortunadamente estaba en la calle ideal, pero la otra persona estaba en la de *«seguirnos y mañana ya veremos»*.

CALLE DUDA

Ella pensaba que solo había compartido cama, pero compartió ganas, corazón y pensamientos, aunque ahora piense que casi nada.

CALLE DEL GRAL. ÁLVAREZ DE CASTRO

Seguro que todos tenéis una calle inolvidable, una persona imborrable y un momento que no sabéis eliminar, suprimir o incluso zanjar, aunque cualquiera de las tres sea casi lo mismo.

En esta calle quiero que reflexionéis: ¿en quién os ha hecho pensar? Aunque bueno, seguro que no os ha hecho ni falta ya.

Aunque por faltar, falte, falten y no lo queráis recordar más.

De todas formas, aunque ya sin forma, espero que esta calle os recuerde que la cama se llena con cualquiera, pero a mí me apetece recordaros que la película que más he visto es la del corazón y ha sido la mejor, no porque yo lo dijera.

CALLE TiEMPO

Dicen que el tiempo no es importante, pero sí que lo es.
Sobre todo, cuando se trata de la última vez.

CALLE iMPULSO

Lo normal es no poder con todo, lo anormal es fingir que todo es poder.

CARRETERA FUENCARRAL

«No preguntes si no quieres saber la respuesta», pero si pregunto será porque quiero saberla.

POLÍGONO TRES CANTOS

He decidido dejarlo por hoy, quiero quedarme con una sola suscripción y que sea la del Netflix en el salón, en buena compañía y con luces de neón. Me doy de baja a la vida adulta y ahorro más en salud y en dolor.

AVENIDA NAVARRA

Es la calle de mi *top* tres,
existe,
la vi unas cuantas veces ya,
es una avenida pequeña y poco transitada,
aunque la generación de ahora no crea en nada ya.

CALLE DEL RIESGO

Dicen que sentir es arriesgado, pero nadie os ha dicho que vamos a morirnos y que nunca estamos a salvo, así que en lugar de evitar riesgos, arriesgaros.

CALLE PISADORES

Hay pisadas que no han sido de mi talla y hay otras que me he puesto para poder andar sin necesidad de volver atrás.

He ido pocas veces al cementerio porque no es un lugar que me guste visitar, pero un día enterré todo mi pasado en él y lo único que me hizo no retroceder es no llevarme flores por si algo volvía a salir mal.

CALLE ARMAS

Me tienes cara a cara, de frente, dispara.
Hay tiros sin bala, que duelen más que un tiro adrede y con ganas.
Supongo que nunca es la bala, ni el tiro, ni nada; es quien dispara.

CALLE FAMILIA GALLEGO

También es la de ese vaso sanguíneo que igual no es el mismo que el tuyo, pero cuando estás mal, enferma o regular te lo daría sin pensar.

CALLE ECHO

Echar de menos también es querer, pero no querer volver.
Es echarte, sin querer, pero te he querido más ayer y extrañado ya ni sé.

Te echo, que no es igual a techo, pero te estoy pensando en el mismo
techo que nos hicimos algo más que echarnos, pero de menos, aunque
en ese mismo momento ya lo estuviera haciendo y omitiera eso.

CALLE CERCA

Estar cerca nunca fue una cuestión de distancia, es más una cuestión de saber estar.

CALLE TRISTE

La ansiedad aumentaba con un montón de días de no hacer nada, de juerga hasta las tantas de la mañana y de minutos que se hacían mundos con penas que no me tocaban.

CALLE DE ALCALÁ

Quería una historia sin frenos, porque creía que ir sin frenos demostraba más.

Quería siempre sumar y me olvidé de que para hacer una cuenta más rápido de lo normal, es más fácil multiplicar, pero que lo rápido casi siempre acaba mal.

Quería encontrar el amor de mis abuelos, sin darme cuenta de que el amor lo llevamos dentro.

Quería un viaje muy lejos, cuando todo lo que me hacía feliz estaba cerca.

Quería estar en el fondo de pantalla de alguien y aprendí que para estar de fondo es mejor estar sola.

Quería no tener normas, pero mis padres se quedaron cortos con la edad.

Quería muchos amigos, pero no es la mano lo que hace que sean menos de cinco, es solo el refrán, así hace más fácil el no saber estar.

Quería tantas cosas, tantas, que me olvidé de esta calle ya.

RÚA DE SALAMANCA

Querida hipocondría, gracias por enseñarme que podemos tener miedos, pero que hay que vivir con ellos y que antes de estar muertos, es mejor vivir y luego ya veremos.

CALLE BESO

La única vez que miraría a alguien por encima del hombro sería para darle un beso.

CALLE MADURA

Maduré y entendí que no cualquiera te hace sentir sin saber no sentir, que la piel cuando conecta tiene memoria y que no todos los besos saben igual.

ROVANIEMI

El Grinch me ha enseñado a cómo debería de enseñarle a escribir la carta de Papá Noël a mi futuro hijo.

CALLE NAVIDAD

Todos podemos ser bonitos por fuera como la Navidad, pero no todos podemos hacer magia como el 6 de enero.

CALLE BARRIO NUEVO

Ojalá el Año Nuevo venga con ganas de no ser tan viejos de mente y más abiertos de corazón.

CALLE CORUÑA

Era mi primera parada sin querer perderla de vista y yo para ella su primera parada en Galicia.

No sé qué pasó, pero lo que sí sé es que me caló a primera vista, aunque por ese entonces éramos demasiado niñas.

AVENIDA GRAL. GÜEMES

Era una avenida muy grande y eso que me gustaba mucho andar, pero no había llegado al final.

Por el camino me tropecé, me di en el talón de Aquiles y pensé: *«hay personas que siempre van a ser ese talón envenenado y te van a dar cuando ya pensabas que estabas a salvo».*

Después, seguí andando y volví a pensar: *«para darte en el talón hay que tener mucha puntería, la probabilidad es de 1 de cada 10.000.000»* y al acabar la avenida, me quedó claro lo de que solo hay un amor de verdad en la vida y de que a muchos ya le gustaría.

CALLE AVIÓN

Nunca nos subimos a un avión juntas, pero sentí muchas turbulencias. Pensé por un momento que nos íbamos a estampar, que estrellarnos para ti sería vivir en paz, pero para mí sería no saber descansar.

Si me preguntan: ¿qué ha sido lo más loco que he hecho por ti? Ha sido esperar, y duele tanto que no lo sabes ni llevar. También, te quise tanto que da igual todo lo que tuviera que aguantar.

CALLE HAWAI

Esas fotos que eres incapaz de publicar, esas conversaciones que no mencionas, pero están.

Y esas historias que no eres capaz de mencionar por el qué dirán, el qué pensarán, pero siempre van a tener un valor especial.

CALLE SENEGAL

Las cicatrices duelen, por eso los mejores corazones están de remodelación casi siempre.

CALLE QUINTA AVENIDA

Pensé que me habías desnudado de dos formas diferentes, pero solo había sido sin ropa.

RÚA AS AVENIDAS

Si te elimino de Instagram, no significa que sea inmadura, significa que ya no sumas.

Que puedes ser mi diez para muchas cosas, pero para otras nunca estabas. Eliminarte de una red social, nunca ha sido eliminarte de mi herida ni tampoco de mi vida.

CALLE ATOCHA

Así como hay personas que pasan por algo, hay otras que por alguien no pasan.

CALLE PONZANO

Juventud, divino tesoro, no pierdas el tiempo en donde ya lo perdió otro.

CALLE CAVA BAJA

Me gusta aislarme cuando tengo un día gris y no es que pase nada, es que soy así.

CALLE GRAN VÍA

Nunca dejes que alguien con cinco kilos de maquillaje te quiera hacer de menos.

CALLE LADEIRA

Hay personas que son un ibuprofeno al corazón, lo malo que tienen es que cuando pasa el efecto se acabó.

AVENIDA RUTA DE LA PLATA

Me muero de ganas de llegar a esta avenida en la que solo falta nuestra casa comprada y un par de muebles para ir decorándola.

CALLE PEIRAO BESADA

Quédate con quien quiera segundas oportunidades, terceras o cuartas, pero que tenga ganas de que salgan bien; con quien prefiera perder su orgullo antes de enfrentarse a él, antes de perder lo que un día llamó «*querer*»; quien demuestre interés, pero que no viva con él. Son cosas muy diferentes, pero cualquiera de las dos puede ser.

CALLE PINTORES

Dicen que el amor tiene cinco etapas, que tenemos unas cuantas dimensiones y que no sabemos si la tierra es plana, pero incluso así, nadie ha podido con nosotras.

AVENIDA JUAN SEBASTIÁN ELCANO

Había sido nuestro primer viaje y no habíamos dado la vuelta al mundo como Sebastián Elcano, pero eras la capitana de mi primer destino a algo más que no hacernos daño.

CALLE TÚNEZ

Las segundas oportunidades no siempre son malas, eso es lo que pensamos con todos esos prejuicios que no nos resbalan.

Todo empezó en Túnez, no hablo de África. Hablo de nuestra segunda parte.

La de las paradas, las llegadas a las 2:50 y las risas en el coche antes de llegar a donde íbamos a dejar la maleta.

Me pasé un estado de alarma por el f****, porque el amor solo lo tenemos unos pocos.

Me quedé con Roma siendo casa y Túnez siendo mi primera vivienda, aunque sea la misma persona, pero en diferentes cuestas.

CALLE SAN ROQUE

El amor es habituarse a alguien y no querer adaptarte a nadie más.

Porque incluso cuando nos acostumbramos y decimos que es malo, no nos queremos desacostumbrar.

El amor también es poder caerse del columpio y que siempre haya alguien que te quiera salvar detrás.

Es también, una tarde sin planes y que pase lo que tenga que pasar, porque el mejor plan es cuando no esperas nada de nadie, pero te quieres siempre quedar.

CALLE DE LAS HUERTAS

Estoy cansada de leer frases en las que dicen *«hay que soltar»*, y es que a veces soltamos antes de luchar, a veces no siempre hay que soltar,

hay cosas que se pueden remediar. Pero… ¿Sabéis qué pasa? Que es más fácil reemplazar antes que pelear, por eso nos vamos, por eso nunca ganamos.

CALLE PiZARRO

Para ti,
que no entiendes que una vez que pasas el peor momento de tu
vida sola,
ya da igual quién se quiera perder,
ni volver,
ni estar,
ni a saber.

CALLE ALBATROS

Las personas deberían venir con veinte segundos de tráiler para saber en qué película nos estamos metiendo, aunque alguna sea casi insuperable.

CALLE SAN JUAN

Lo que uno no habla,
el cuerpo lo nota.

CALLE PASEO DE CÁNOVAS

No tenía ni idea en qué paseo me estaba metiendo, pero hoy por hoy quiero que sea el más largo de mi vida.

PLAYA LA CALETA

Nos follamos las mentes muchas veces, pero un verano con la caleta de fondo viéndote a ti al lado del mar, creo que ha sido una de las mejores sensaciones de a(mar)te más.

GALAPINHOS BEACH

Elegimos destinos preciosos muchas veces, lo seguimos haciendo casi siempre, pero en realidad me quiero quedar en el mismo sitio de siempre, con la persona de siempre.

LA SAGRADA FAMILIA (BARCELONA)

Nadie te quiere en unos días, ni en unas tardes, ni en unas vacaciones, aunque no sepas a dónde van a llegar, la familia, en cambio, siempre está; déjate ayudar, querer y cuidar.

PLAZA DE ZOCODOVER

Me alimenté de Toledo en agosto contigo de fondo, me hiciste un *tour* habiéndome conocido más bien poco y yo había cogido el rumbo de seguirte sin saber cómo.

Hicimos rutas con los mejores paisajes, aunque yo ya lo tuviera delante.

PLAZA MAYOR

La plaza de Cáceres no solo es mayor por ser bonita y grande, también por su historia. Y no solo la que cuentan, también por la nuestra.

PLAZA DE ESPAÑA

Cuando sientas que no puedes con todo, que no cumplirás tus sueños, tus metas e incluso habrá gente que te quiera menospreciar. Acuérdate de que has llegado a tu casa sin saber cómo, borracha y con el corazón roto.

CALLE DE PRÍNCIPE

Uno de los orgasmos más grandes que siento desde que te conozco, es querer más de ti constantemente.

TRIANA

Hay personas por las que sientes y no sabes ni cómo llamarlo, solo sabes que sientes y tienes la necesidad de soltarlo.

CALLEJA DE LAS FLORES

A la hora de arriesgar, siempre hay alguien que se queda atrás y ahí se ve cómo es la gente en realidad. Que mucho hablar y poco demostrar.

LAS RAMBLAS

Cuando sientes que no hay vuelta atrás,
es difícil darle la vuelta a algo
y que te vuelva a importar.

PARQUE DEL RETIRO

Entendí que había gente cortada por el mismo patrón y otra que sigue su propio molde, y ni son iguales, ni quieren decir lo mismo.

COLÓN

Cuando no tengas ganas de nada, acuérdate de cuando arriesgaste toda tu vida en una maleta y te fuiste lejos, con las manos vacías y en busca de algún que otro sueño.

PASEO DE LOS ESCUDOS

Follar está bien, es bueno para la salud y para tus necesidades básicas.

Pero alguien que sea capaz de ayudarte a superar todas tus inseguridades, tus dificultades y tus miedos, eso es otro nivel.

CALLE SAGASTA

Quédate siempre contigo, pero también con alguien que quiera verte aun habiéndote visto ayer.

PASEO MARÍTIMO DE SAMIL

Dejarte de hablar fue más fácil que echar la vista atrás.

CALLE LAUREL

Ser sensible no significa ser débil, significa tener sentimientos.

Llorar no significa vulnerabilidad, significa capacidad de demostrar.

AVENiDA DEL MAR

Los amigos son los que están cualquier día, en cualquier lugar.

Da igual la tempestad, el nivel del mar o si mañana llueve y hace temporal.

Los amigos son los que están, aunque nada salga bien, aunque todo salga mal.

PASEO NUEVO

No todos los amores llegan a Roma, ni todos los desamores pasearon antes por la puesta de sol en Galicia. Hay amores que no les hacen falta Roma para continuar, ni Galicia para ver la mejor puesta de sol nacional. Algunas la tienen más cerca de lo normal y la encuentran en casa sin viajar.

CALLE ANCHA

Si tu ex te mandara un mensaje y te pusiera:

«Quiero pasar la noche contigo».

¿Qué le dirías? ¿En quién pensarías?
¿En ti, en ella o en la vida?

CALLE SiERPES

No te conocí para que fueras mi vía social, te quise conocer porque de verdad creía que te podía llegar a querer bien, o a querer sin el bien, o yo qué sé.

PASEO DEL RASTRO

Cualquier rastro era bonito contigo de la mano, pero me olvidé de que la ropa estaba usada y no solo conmigo.

AVENIDA GAUDÍ

Y no es que haya ido mucho a ver algo del señor Gaudí, pero para mí tú eres algo así:

Una obra de arte.

PASEO DE LOS TRISTES

Me envió un mensaje sin saber que para ella iba a ser el último y para nosotras el penúltimo.

CALLE DEL VILLAR

La Catedral de Santiago no es para tanto, si has visto torres más altas.

A ella le pareció preciosa y a mí ella en Santiago todavía mejor, pero hemos presenciado torres más altas y nos hemos visto más bonitas en otro fondo.

CALLE DE SAN JUAN

Fue capaz de hacerme reír sin tener ganas, y haciendo eso, ¿qué más puedo pedir?

CABO SILLEIRO

Espero que la luz de este faro siga siendo testigo de muchas historias de amor.

CALLE PiZARRO

No era Pizarro, pero era la conquistadora de mi corazón y con él se quedó, sin caducidad, sin reloj, sin dolor.

CALLE ANCHA

Da igual que la calle sea ancha, que se llame así o que pase un huracán. Llegaste y da igual lo que pueda pasar, quiero vivirlo hasta el final.

No sé por cuántas calles paseé contigo, por cuántas paseé sin ti, pero ahora solo quiero sumar.

Quiero una casa sin testigos, una boda con amigos, dos sueños que van a ser uno tuyo y otro mío, y vivir sin pensar en lo que pueda pasar.

CALLE URZAIZ

No es el que te alborota el corazón a todas horas, quieres sudar con las manos y quitarte la ropa. El amor de tu vida es el que te da absoluta, rotunda, profunda paz y tranquilidad, aunque todas ellas sean casi igual.

CALLE MARQUÉS DE LARIOS

Vivimos enamorados de lo fugaz, del morbo al qué dirán, lo prohibido.

Nos enamoramos una noche cualquiera de alguien que está más ciega que puesta y al día siguiente ni se acuerda.

Nos gusta querernos para un rato y cuando se acaba, estamos a dos velas, y una de ellas es la del móvil que no se ilumina ni encendiéndola.

Nos gustan los tríos, porque el sexo es sexo y luego no somos capaces de asumirlo.

Vamos muy rápido, «*casi*» tenemos algo, pero me dijo al rato: «*solo lo estaba intentando*».

Siempre para alguien somos esa estrella fugaz que nos pasa y ya está, en cambio, lo de verdad se enciende y no deja de iluminar.

CALLE MARE DE DEU

No sé en qué calle estamos, pero eh, ya no estoy cómoda aquí, con lo a gusto que estoy en casa y no sé para qué te dije que sí.

Fuiste mi primera vez en muchas cosas, pero porque alguna vez tiene que ser así.

Si volviera a vivir, a nacer y a sentir, nada de esto sería así. Ahora, hoy y ayer pienso que las primeras veces son todas las veces que quieras repetir, porque cada momento y situación te da lo que un día no.

Hoy es la primera vez que vuelvo a pisar esta calle, aunque ya la pisara antes.

CALLE DE LAVAPIÉS

Reírte no cicatriza, pero ayuda.

PLAYA AMÉRICA

Dejar huella no es borrar la de la otra persona en la arena, es poner la tuya al lado y que los demás admiren la que quieran.

CALLE DOLORES AGRELO

¿Malditos niños? Malditos padres, ya que para educar a un niño nadie nace preparado, pero a muchos deberían de darles un manual.

No duelen las palizas en el recreo, ni las veces que le mentías a tu abuela para no hablar del tema más; ese niño que solo sabe dejarte mal. Lo que más duele es que después de esa serie de acontecimientos, ese niño ya no volverá a ser un niño, pensará y sentirá como un adulto más.

Que madurará más rápido, pero ya nunca más estará a salvo.

Que será más fuerte que varios, pero tendrá muchos traumas que le costará años superar.

La infancia es la que marca un antes y un después, y los padres casi siempre dejan todo para después, para *más tarde*, tal vez.

Y cuando se dan cuenta, ya no hay nada que hacer.

¡SLAS CÍES

El corazón llenito es amor, cariño y confiar en que siempre existe un motivo para sentirnos vivos.

CABO FINISTERRE

Del amor al odio solo hay un gesto y ya ni eso.

CALLE LOPE DE RUEDA

A veces parece que no hay salida, pero tienes un túnel enorme con una luz al final.

CALLE LOS CAÑOS

Tengo muchísimas ganas de ganarme la vida, pero la vida está para compartirla y la fiesta para vivirla en singular.

Ya no busco nada porque te quiero encontrar y buscar es rebuscar. Prefiero que alguien alguna vez me deje de usar y que yo sienta algo más que ganas de follar.

AVENIDA DE LA MARINA

Que hay cosas que te tocan y te tienes que aguantar.

Que no todo es aguantar, pero que también podemos asumirlo y ya está.

Que pocas veces algo pasa por algo, pero a veces pasa y ya no hay vuelta atrás.

Que va a doler, que no te va a dejar hacer lo que quieres hacer, que no te va a dejar donde quieres estar y que muchas veces, no vas a llegar al final. Como te dije muchísimas veces, estás más guapa cuando estás tranquila, cuando la tristeza no te gana.

Porque lo malo no puede ser parte de tu vida, solo una parte de tu día.

Estamos aquí contigo, aunque no todo se pueda arreglar, tienes una vida, déjate llevar, déjate tranquila, déjalo ya.

CALLE DE LAS OSTRAS

Los miedos son como los fantasmas siempre están ahí, no negocies con ellos, negocia con tu abuela para que te haga esa tortilla de patata que tanto te gusta por si un día ya no te la pueden hacer igual.

CALLE DE LA ESTRELLA

Ella tenía un «*sin ti*» en sus manos, mientras yo con la boca le decía que «*sí*», pero el sentido se me iba cuando me gustaba gustar.

Tenía historias para no dormir, pero me dormí antes de contarle la historia y joder, qué mal.

Le hablaba de mi madre, cuando no hablo de nadie nunca y mucho menos mal.

Venía a buscarme diez minutos de noche, cuando yo quería dejar de buscar y encontrar algo más.

Siempre me señalaba mis errores, pero la realidad es que nos hacíamos muy mal.

Supongo que no supimos estar, que nos había cuadrado fatal y que lo cuadriculado nunca había sido mi potencial, la verdad.

Tenía mil preguntas, pero ya no hicieron falta desde que su corazón ya no estaba vacío, estaba lleno de alguien más.

CALLE DOLORES

No es que no confíe, es que siempre me fallaron.

CALLE ARQUITECTO PALACIOS

Pensé en escribirte, pero solo lo pensé.

Te pensé, pero tú te estabas tomando un buen té, en vez de decirme por qué y acabarlo con un te *****.

No sé, supongo que me equivoqué y pensé demasiado en que iba a salir bien, mientras tú estabas disfrutando, pero bien.

No sé ni qué decir, te escribí tanto que me cansé, y tú te quedaste con lo que quisiste creer, o querer, o no sé.

PASEO DE LA CASTELLANA

Una cosa es consentir y otra es permitir.
Consentimos, pero también sentimos.
Hasta ahí bien, ¿no?

Pero ¿se puede permitir si sentimos?
Ya sabéis de qué os hablo.
Santos hay muchos, pero tontos tampoco.

PUERTA DEL SOL

¿Agárrate que vienen curvas?

Todos nos agarramos a la primera de cambio, incluso a veces en línea recta, pero con la persona incorrecta.

Nos agarramos muy rápido a un clavo ardiendo y mal puesto, y no nos damos cuenta de que los clavos solo duelen cuando se clavan y que no arden por cualquiera, ni con cualquiera.

Que hay curvas que te hielan y que hay otras que queman, y no hablo de las de la carretera.

Lo que está claro es que la seguridad y la salud es importante, pero que a veces no es el cinturón lo que te tiene que agarrar, es algo más.

CALLE DE PRECiADOS

Yo no sé si era la calle o lo confundí con un *«que se calle»*, pero es que tanta palabrería me consumía. Lo fuerte es que yo acabé con unos cuantos libros en muchas librerías y ella en mi ría y casi *«mía»*.

Digo casi *«mía»* por eso de que la posesión solo sirve para hacer un buen juego con balón.

CALLE DE SEGOVIA

Nunca es el regalo, siempre es quien te lo hace.

BARRiADA DE LA PAZ

Hasta el dolor es mental, el pasarlo mal, el pensar *«ya llegará»* y no llega más.

Nos morimos de tristeza, de mentes con más miedos que sueños y de sueños que creemos que nunca llegaremos a ser dueños.

Todo es mental, el malestar, ese dolor en el pecho que no te deja respirar, el qué dirán, el pensar en negativo cuando no hay por qué pensar.

Todo es mental, hasta esa enfermedad que te acaba de llegar sin ninguna necesidad, con solo ese instinto animal de no poder parar.

Piénsalo, todo es mental, aunque a veces nos dé por no disfrutar.

CALLE 31 DE DiCiEMBRE

Para saber lo que es estar muy arriba,
primero hace falta estar muy abajo.

CALLE GASCONA

Querer a alguien con todas tus fuerzas no significa que seas débil, significa que dentro tienes demasiado.

ÚLTIMA CALLE, EL AMOR

Entendí el amor como quien tiene muchos complejos y se los saca sin saber si va a llegar lejos.

JUSTO AHÍ ENTENDÍ QUE NADA PASA
POR ALGO, QUE ABSOLUTAMENTE TODO
OCURRÍA POR ALGUIEN Y QUE DABA
IGUAL COMO QUISIERAS MIRARLO.

TÚ ELIGES TU CAMINO, YO DECIDÍ
EL MÍO: LAS CALLES QUE NO QUERÍA
PASAR, CON QUIÉN LAS QUERÍA
APROVECHAR Y CON QUIÉN QUERÍA
PISARLAS AUN ESTANDO MAL. PERO
VOSOTROS DECIDÍS CON QUIÉN QUERÉIS
VISITAR ALGO MÁS QUE UNA CIUDAD.

CALLEJEAR, A VECES ENCUENTRAS
A ALGUIEN EN ALGUNA CALLE
CON EL QUE TE QUIERES QUEDAR
Y NO HA ESTADO NADA MAL.

TODAS LAS CALLES
POR LAS QUE PASEO
CONTIGO

LIBRERÍA DURii

 Durii